Robert Tonks

»It is not all English what shines.
English makes German Werbung funny!«

W0235687

edition winterwork

Impressum

Robert Tonks, »It is not all English what shines.
English makes German Werbung funny!«

www.edition-winterwork.de
©2011 Robert Tonks

Alle Rechte vorbehalten
Satz: Herbert Marschall / edition winterwork
Umschlag: Originalfoto Luca Galli, Bearbeitung Herbert
Marschall
Idee, Konzept und Umsetzung: Robert Tonks
Fotos: Robert Tonks, Iris Tonks,
Martin Dietzsch („bad-design")
Internetseite »www.robert-tonks.de«: Andreas Ocklenburg
Support: Bettina Brucks, Barbara Denton
Druck und Bindung: winterwork Borsdorf

ISBN 978-3-943048-63-6

Inhalt

Einleitung

Wenn der Brite mit Mehrdeutigkeiten konfrontiert wird, entscheidet er sich im Zweifelsfall stets für die lustige, schräge Bedeutung und thematisiert diese. Die Deutschen bezeichnen das liebevoll als britischen Humor.

Die abgebildeten Sprüche in diesem Band werden vornehmlich von Menschen formuliert, die Werbung für Deutsche machen wollen. Deutsche sollen sie nicht nur verstehen, sondern auch „cool" finden. Sie sollen beim Anblick der Werbung Assoziationen entwickeln, die zum Kauf eines Produktes anregen. Das nennt man „assoziative Wahrnehmung" und das Spielen damit nennt man in der Werbung „kreativ".

Wenn Sie Lust haben, zu erfahren, welche Assoziationen ein Brite hat, wenn er solche Werbung liest, blättern Sie bitte weiter ...

Englisch ist in alle Lebenslagen der Deutschen und in alle Bereiche der deutschen Sprache eingedrungen. Die Art und Weise, wie die englischen Begriffe in die deutsche Sprache aufgenommen werden, zeugt allerdings von Unsicherheit: Die Verwendung ist auf breiter Basis uneinheitlich und häufig verwirrend.

Symptomatisch für den gegenwärtigen Stand dieser Evolution der deutschen Sprache des Alltags ist das deutsch-englische Begriffspaar „bad design", das ich neulich in eine gängige Suchmaschine eingab. Eigentlich suchte ich im weltweiten Netz Beispiele für schlechte Produktgestaltung - also „bad design" im englischen Sinn -, erhielt aber Beispiele moderner Badezimmergestaltung in Deutschland. Ich entdeckte sogar mehrere Badezimmeranbieter im deutschsprachigen Raum, die einen „mega bad design online shop" unterhalten!

In den 1970er Jahren nahm man den zunehmenden Einfluss des Englischen auf die deutsche Sprache sportlich: Dass gemäß Otto Waalkes „Where are the trees?" in Deutsch „Wo sind die drei?" heißt, fanden und finden seine zahlreichen Fans witzig. Otto wurde zu einem Trendsetter, dessen Sprachspiele noch heute - absichtlich oder auch unabsichtlich - Nachahmer finden.

„It is not all English what shines" zeigt die witzige Seite des Strukturwandels der deutschen Sprache, der sich durch die Aufnahme von englischen Begriffen vollzieht, wodurch neue Ausdrücke, sogenannte Neologismen, entstehen.

Das Witzige dieser Ausdrücke ergibt sich aus den Unterschieden in der assoziativen Wahrnehmung zwischen Deutschen und Muttersprachlerinnen / Muttersprachlern des Englischen.

Wie interpretieren Menschen, die Englisch als Muttersprache sprechen, die „denglischen" Sprüche, das heißt, die teils deutschen, teils englischen Ausdrücke?

Ich legte meinem neunzigjährigen Vater in Wales, meinem fünfzigjährigen Cousin in London sowie einer zwanzigjährigen Bekannten in New York die Sprüche vor. Es sind vornehmlich Werbesprüche, die ich kürzlich in ausgesuchten deutschen Großstädten entdeckt und fotografisch festgehalten hatte.

Unabhängig voneinander beschrieben mir die drei, was sie vor ihrem geistigen Auge sahen. Im erweiterten Kreis wiederholte ich den Vorgang vielfach. Anschließend zeichnete ich das Ergebnis, das am häufigsten genannt wurde, mit einem Filzstift nach.

Die Zeichnungen in diesem Band geben folglich Antworten auf Fragen, die sich stets dann stellen,

wenn Denglisch auf Englisch trifft!

Outlet, Sale, %

Basic-Slips
für Damen
3 Stück
1,50
Gummistiefel
"Tabaluga" / "Biene Maja"
für Kinder
5,99
2,99
Söckchen
für Damen
2er-Packung
-,99
Basic-Slips
für Damen
3 Stück
1,99
-,99
Matsch- und Buddeljacke
für Kinder
6,99
3,99

Beginnen wir mit grundsätzlichen Ausrutschern.

BASIC SLIPS

basic = grundsätzlich;
slip = Ausrutscher

Die hier angebotenen Unterhosen
heißen „panties" (für Damen)
oder „briefs" (für Damen und Herren).

Teuer, so eine Schnur!

string = Schnur

Der hiesige Bikini-
hosenanbieter meint
„G string" oder
„G string tanga".

STRING

Wer atmet so erregt?

pant = hecheln,
das Hecheln

Der auf dem Schild angebotenen kurzen Damenunterhose
fehlt ein „s": „hot pants".
Zweibeinige Kleidungsstücke
werden meist durch Plural-
formen beschrieben (vgl.
„a pair of hot pants" oder
auch „a pair of jeans").

HOT PANT

Mon Dieu! Hier handelt es sich um einen Ausdruck mit französischem Migrationshintergrund - zu Deutsch: schmutzige Damenunterwäsche.

In Englisch bedeutet „sale" Schlussverkauf; in Französisch heißt „sale" jedoch schmutzig.

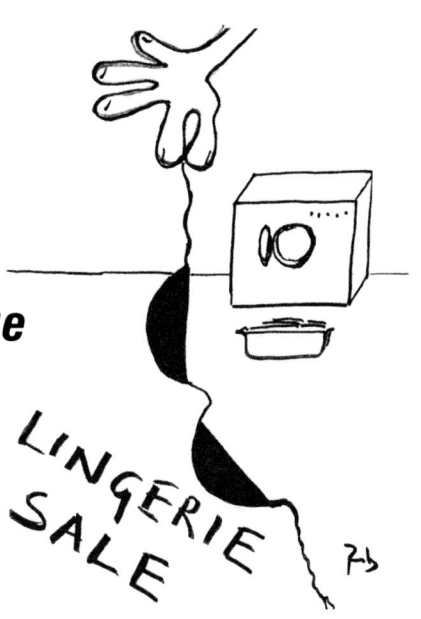

An heißen Sommerabenden wünschte ich manchmal, dass es ihn gäbe, den Gartenschlauch, der laufen kann.

WALKINGHOSE

hose = Wasserschlauch
P.S.: „hose" besteht im
Englischen aus einer Silbe.

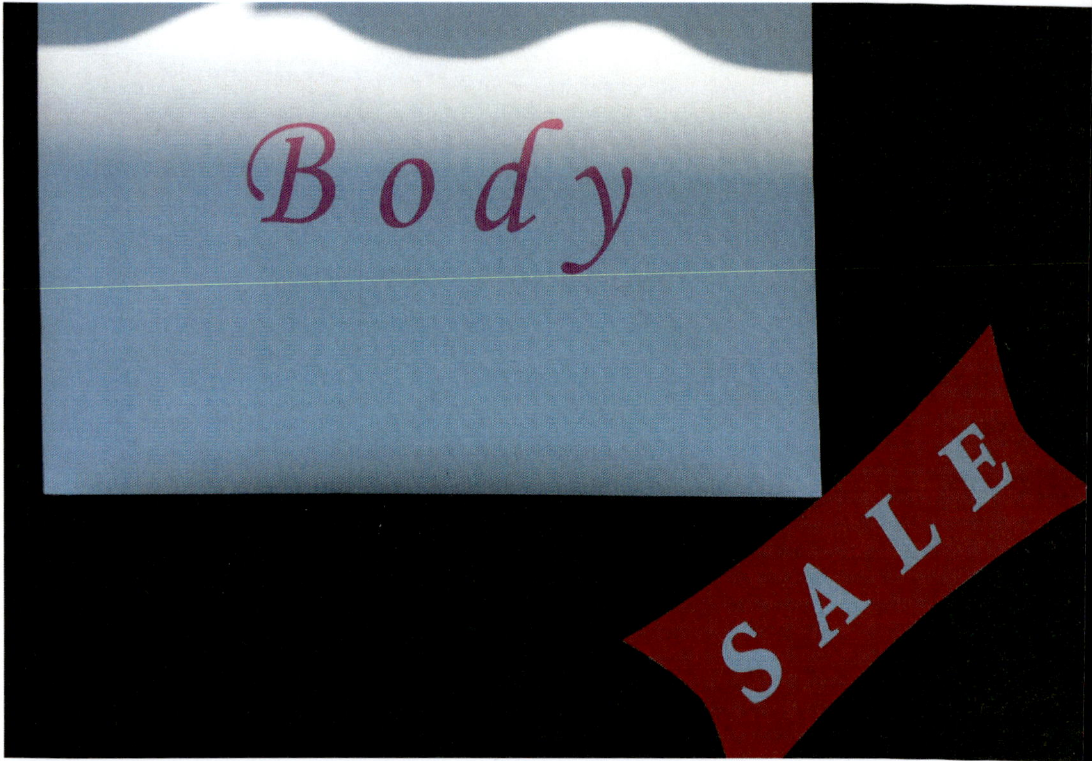
Body
SALE

Der ultimative Schlussverkauf!

„body" kann „Körper", aber auch „Leiche" heißen

Auch wenn einige Muttersprachlerinnen und Muttersprachler des Englischen „body" als ein Kleidungsstück kennen, ist die zweite der genannten Bedeutungen zu dominant und verhindert, dass „body sale" ohne Schmunzeln akzeptiert würde.

BODY SALE

Wenn nichts mehr übrig bleibt, bieten wir unsere kleine Schwester zu Schleuderpreisen an.

sister = Schwester;
sale = Verkauf,
Schlussverkauf

SISTER'S SALE

Da kommt ein Mann vom Band.

„Outlet" bedeutet „Fabrik-Verkaufsstelle".

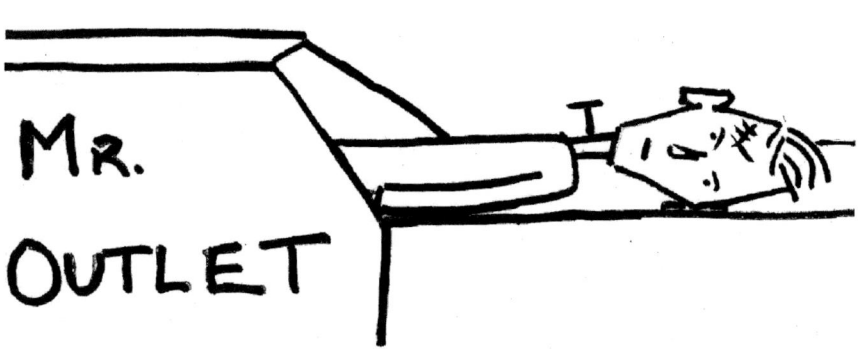

HARDERS
DESIGNER OUTLET
WOMEN & MEN
ROCK & REPUBLIC
PATRIZIA PEPE
BIS 80%
D&G
LINDEBERG
DSQUARED
CINQUE
DIESEL
CLOSED
RARE

DESIGNER
OUTLET

WOMEN
AND
MEN

... *und hier kommen
sogar Designerpaare
vom Fließband.*

*Mr. Frank und
Ms. Stein ?*

rb

What's a Wupper?

„Bekommt man im
Wupper-Outlet
Gummistiefel?",
fragt sich der
Tourist.

„Outlet" bedeutet
auch „Ausfluss",
„Flussmündung" bzw.
„Nebenfluss".
Die Wupper ist ein
Fluss in Deutschland.

WUPPER
OUTLET

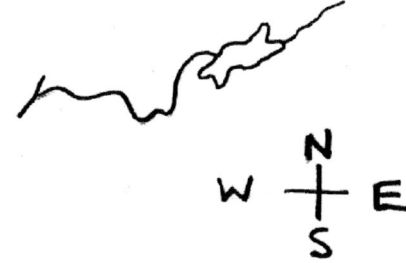

**Einkaufswagen
für Babysafe**

Mit diesem Einkaufswagen können Sie das Schließfach für Ihr Baby transportieren.

„Babysafe" ist in Deutschland die kurze Bezeichnung für eine „Kleinkindsicherheitstragetasche". Für Muttersprachlerinnen und Muttersprachler des Englischen ist „safe" als Substantiv jedoch ein Schließfach.

Stoned?

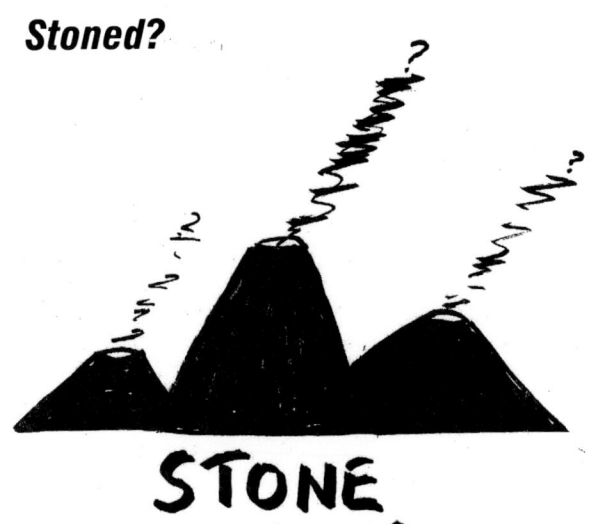

STONE
COLOR

Was soll „stone color" sein? Offenbar nicht „black" wie mancher Lavastein und auch nicht „grey" wie Schiefer.

Hair & mehr

LOVE IS IN YOUR HAIR

„No hair, no love.“

Menschen ohne Haare — von der Liebe abgeschnitten.

Der Spruch soll wohl eine Anspielung auf das populäre Lied „Love is in the air“ sein. „Die Liebe ist in deinem Haar“ ist die wörtliche Übersetzung. Das ist allerdings diskriminierend.

Hier bekommst Du den Mickymausschnitt.

Wollen wir es riskieren nach dem Motto „No risk, no fun"?

Die Namensgebung resultiert aus den ersten Silben der Vornamen Corinna und Michaela, der beiden Chefinnen.

Wie, du willst unter den Umständen nicht gehen?

hard = steif

zensiert

HAARD'N'GO

★ **haardngo** **15** Euro
wir waschen - schneiden & stylen

★ **haardngo dry** ab **20** Euro
wir waschen - schneiden - fönen & stylen

★ **haardpony** **5** Euro **bei** stammkunden
wir schneiden dein pony
0 Euro

★ **haardcolor** ab **15** Euro
strähnen / färben

wimpern / augenbrauenfärben **5** Euro
oder zupfen

... dann kannst du nach Hause reiten, wenn du dein Pferdchen zügeln kannst.

HAARD
PONY

hard = schwer, schwierig;
pony = Pony - wie ein
kleines Pferd

Haar, das so geschnitten
ist, dass es die Stirn
bedeckt (also in Deutsch
„Pony"), heißt in Englisch
„fringe".

Wir lagern Ihr Haar.

```
store = Lager, lagern
```

Chillen

Robin Food Catering

CULINARIA
oase

Ihr Vogelfutterspezialist

robin = Rotkehlchen; food = Essen, aber auch Tierfutter

Mahlzeit!

ReFood: ein Muss für jeden Wiederkäuer.

21

RAVIOLI RELOADED

Frische Ravioli mit besten Zutaten

Simply Ravioli   6,90 €
frische Ravioli mit einer herzhaften Spinat-Ricotta-Füllung, dazu frische
Tomaten, Paprika, Parmesankäse und Rucolasalat

Ravioli Chicken Spit   8,90 €
frische Ravioli mit zarten Hähnchenfiletspießen, Tomaten und Paprika,
serviert mit Rucolasalat

Spicy Tomato   6,30 €
Ravioli mit Spinat-Ricotta-Füllung in einer feurigen Tomatensauce
und Rucolasalat

Grilled Shrimp Ravioli   9,30 €
unsere Ravioli gekrönt mit knusprig gegrillten Shrimps mit feuriger Sauce
all'arrabbiata und nussigem Rucolasalat

Shrimps on Cream   9,50 €
gegrillte Shrimps in Sahnesauce, zusammen mit Spinat-Ricotta-Ravioli,
frischen Tomaten, Paprika und knackigem Rucola

Gerne füllen wir Ihre Teigtaschen wieder auf.

reload = wieder
auffüllen

Lebende Zutaten

ALL YOU CAN BEAT PARTY

DO, 3.12.2009, 18-23 Uhr

im ▓▓▓▓▓ Restaurant bei ▓▓▓▓▓,
▓▓▓▓▓▓▓▓, 3. OG

19€ All you can eat vom Live-Cooking Buffet,
Parkgebühren* und Getränke im Wert
von 19€ sind im Preis enthalten.

*nur gültig in den Parkhäusern König Heinrich-Platz und Königsstraße

Tipp: Nutzen Sie diesen Anlass doch auch für Ihre Weihnachtsfeier.

Mehr schlagen geht nicht
beat = schlagen, prügeln

19€

All you can eat vom Live-Cooking Buffet, Parkgebühren* und Getränke im Wert von 19€ sind im Preis enthalten.

Nur gültig in den Parkhäusern König-Heinrich-Platz und Königsstraße

Nutzen Sie diesen Anlass doch auch für Ihre Weihnachtsfeier.

Verprügelt die Kleinen!

beat up = verprügeln, zusammenschlagen

Ein klassisches Missverständnis

classic water =
Quell- bzw. Leitungswasser

EISWÜRFEL & CRUSHED-EIS

ice
frocks

Schön erfrischend, so ein Eiskleid!

frock = Damen- bzw. Kinderkleid

Ice Frock spielt möglicherweise auf die Verbindung des abgebildeten Tiers (Englisch: „frog") und der Funktion von Eiswürfeln in einem Getränk an („on the rocks").

Afrikanisches

Land billig zum

Mitnehmen!

Beim Backshop

Hello again,

I'm back

Schnell rückwärts

BACK
EXPRESS

2b

Springform-
Container

Behälter für die Frühlingskondition

spring = Frühling;
form = Kondition;
container = Behälter

Die Rückenfabrik

Jaffa-Cake /
Him-Cake

300 g

-,95

5218   € 3,17/kg   4

Me Tarzan,

you Jane,

him Cake.

BREAD TALK

Hier spricht Bernd, ...

bad banks & Co

BAD POWER

YE$

ZJ

starter = Vorspeise,
auch Anlasser;
vgl. außerdem:
Einstiegsfrage in
einer Quizsendung

Gemeint ist hier
ein Geschäftsgrün-
dungszentrum, in
Englisch also ein
„business start-up
centre".

PERSONAL SERVICE

Wie persönlich darf's denn sein?

personal = persönlich

siehe auch zur gleichnamigen britischen Filmkomödie:
http://en.wikipedia.org/wiki/Personal_Services

millennium bug?

bug = Käfer, Fehler,
siehe auch „Wanze",
Abhörgerät

Der deutsche Begriff „Bug"
soll hier eine Toplage
für Büroräumlichkeiten
symbolisieren. Darauf
muss man erst einmal
kommen.

BUSINESS
BUG

Zum Parken in der Schlange anstehen oder in der Schlange parken?

Beides ist nicht gerade attraktiv. Wieso sollte man es also tun?

queue = Schlange stehen

„Queue" wird wie der Buchstabe „Q" ausgesprochen und deshalb auch häufig so abgekürzt.

AN & VERKAUF
Crash-Cash
Sofort Bargeld
Geiz is Geil
AN & VERKAUF
Sofort Bargeld
Crash-Cash
26 099
Nur geklaut ist billiger!!

Bei Unfall Bargeld

WINVEST

Rb

Unterhemd zu gewinnen

`vest = Unterhemd`

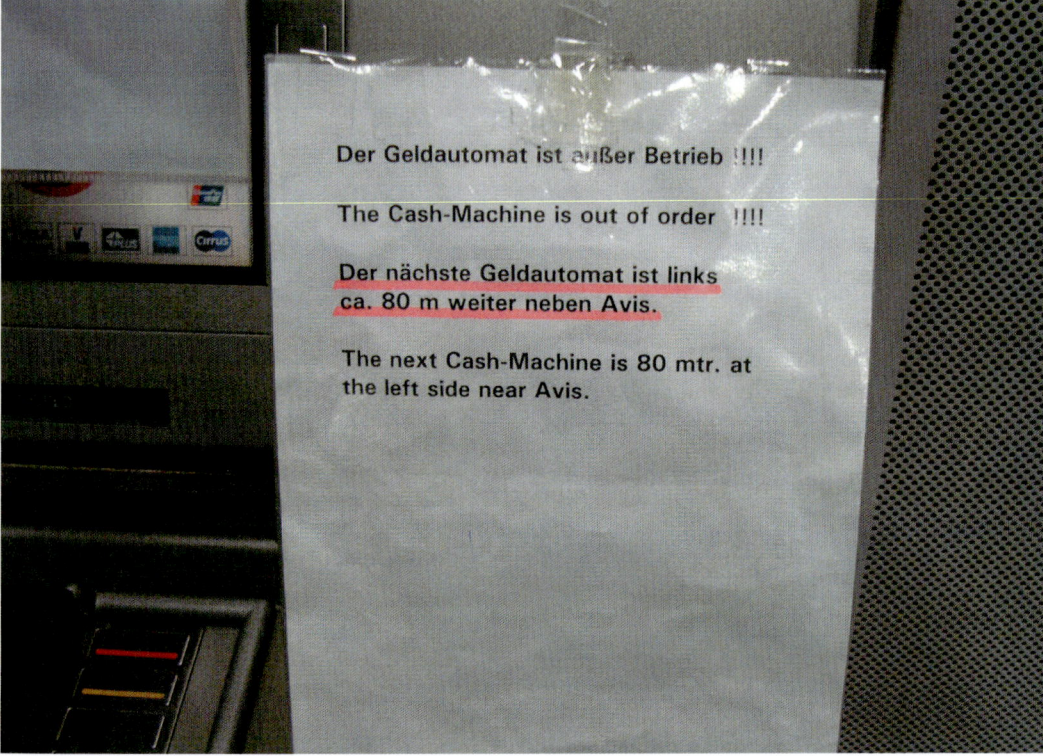

In der nächsten Gelddruckmaschine türmt sich das Geld 80 Meter hoch, aber nur auf der linken Seite.

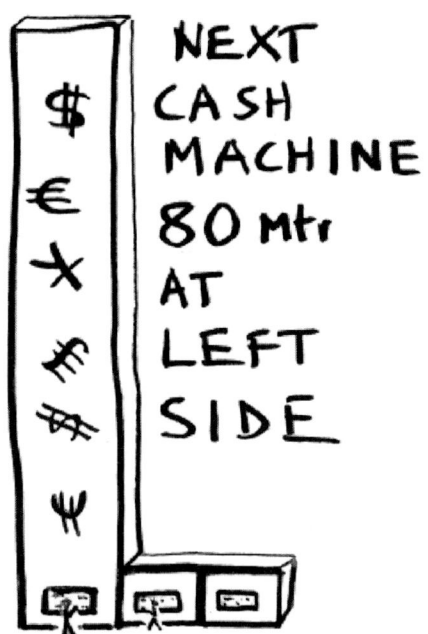

76

Bringen Sie Ihr

Kaminholz in

Sicherheit

```
log =
Holzscheit
```

SECURLOG

Bei so viel Wald in der Stadt braucht man auch einen Holzhafen.

LOGPORT

```
log = Holzscheit
Gemeint ist hier:
Logistikhafen.
```

Eine typisch deutsche Familie

Sollte ein Handwerker nicht nüchtern sein?

Achtung! Es könnte brennen - benutzen Sie deshalb diesen Aufzug lieber nicht!

Richtig müsste es heißen:
„In the event of fire do not use lift".

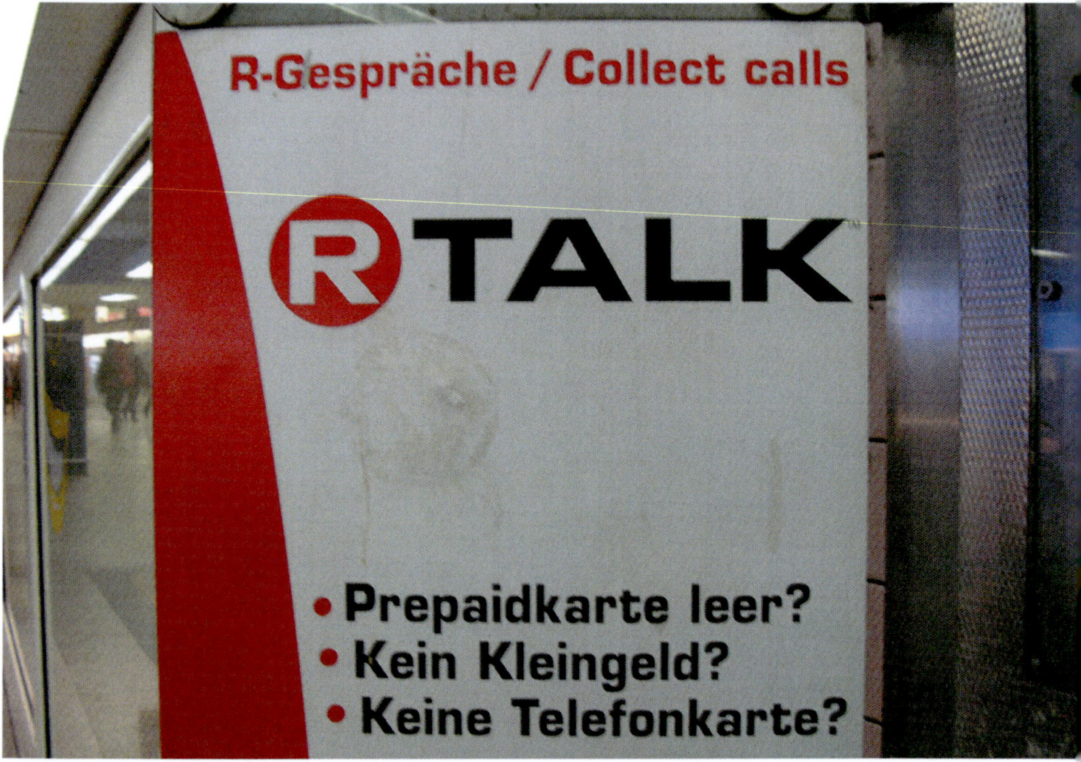
R-Gespräche / Collect calls
RTALK
• Prepaidkarte leer?
• Kein Kleingeld?
• Keine Telefonkarte?

Who are?

Der Buchstabe „R"
wird in Englisch wie
die Verbform
„are" ausgesprochen.

Klingt wie die alten Blechdosen von damals.

`tin = Zinn,Blechdose`

Frage: Was ist „bangy jamping"?

Antwort: falsch geschrieben.

„bang"= bumsen, vögeln (vulg.) ist den Deutschen, z. B. im Begriff „Gang Bang", bekannt.
Gemeint ist „bungy jumping".

BANGY JAMPING

bad
taste

bad design

Was singt Michael Jackson?
„I'm bad" = Ich bin schlecht

21

Web Bilder Videos Maps News Shopping E-Mail Mehr ▾

Google   mega bad design online shop   Suche   Erweiterte Suche
Einstellungen

Suche: ⊙ Das Web ○ Seiten auf Deutsch ○ Seiten aus Deutschland

Web   Ergebnisse 1 - 10 von ungefähr 595.000 f

Anzeige

Mega Bad Shop
www.megabad.com/bad-shop   **Bad** Marken, Hersteller, Preise sicher einkaufen TÜV safer **shopping**

Sanitärhandel - Armaturen - Badewannen - **Online Shop** von **MEGABAD**.com
Bestellen Sie günstig und bequem im Sanitär Onlineshop Marken wie HansGrohe, ...
Megabad X-Tube **Design**-Badewanne 180 x 80 cm. Bestellnr.: EHSTEE018 ...
www.**megabad**.com/ - Im Cache - Ähnlich

Megabad Sanitärfachmarkt **Onlineshop online** bestellen bei www ...
Megabad Onlineshop - Ihr Sanitärfachmarkt im Internet. **Design** Armaturen ua Produkte der
Megabad Hausmarke finden Sie im **Onlineshop**. - Megabad.com.
www.**megabad**.com/megabad-sanitaerfachmarkt-onlineshop-k-21953.htm -
Im Cache - Ähnlich

⊞ Weitere Ergebnisse anzeigen von www.megabad.com

Pressemitteilung: Europas größter Sanitär-**Onlineshop Megabad**.com ...

worst
design

MEGABADDESIGN

City Kiosk to go

always Coca-Cola
Coca-Cola

Kiosk wird Opfer der Stadtteilerneuerung

to go = abzureißen, wird abgerissen

Toilettenpapier wieder

verwenden

Richtig müsste es
heißen:
Toilettenpapier aus
recyceltem Papier

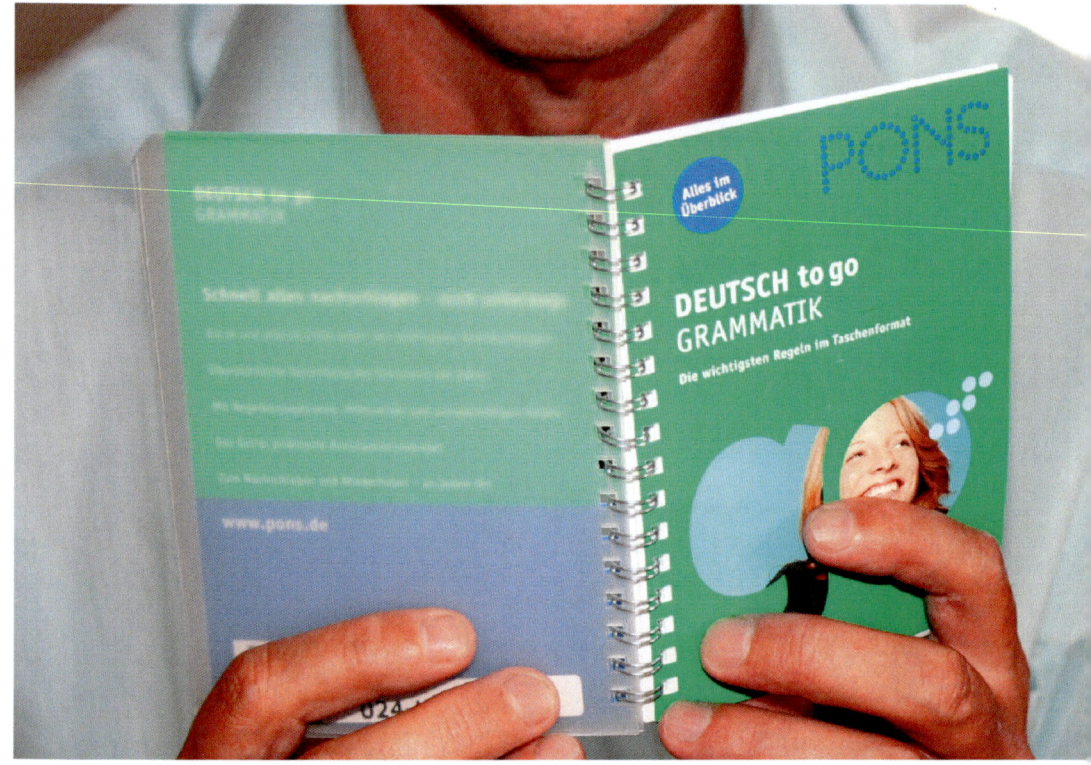

Bye-bye, deutsche Sprache!

to go =
abzuschaffen,
wird abgeschafft

DEUTSCH TO GO

Der Autor Robert Tonks

Robert Tonks sagt von sich, er sei der dienstälteste Waliser zwischen Rhein und Ruhr. Geboren wurde er 1955 im Niemandsland: Sein Geburtsort, Rogiet, heute zu Wales gehörig, befand sich damals weder in Wales noch in England. Eine Gebietsreform machte ihn zum Waliser. Er wuchs in einem Haus mitten in von Sagen umwobenen Wäldern auf.

Seine Mutter Barbara, „die keltische Barbarin", sprach und spricht Englisch, gespickt mit Walisisch („Wenglisch"). Seine besten Freunde waren sein Bruder, die Tiere auf dem benachbarten Bauernhof und die Pixies, von denen der aus Mittelengland stammende Vater, „Harold der Wikinger", seinen Söhnen erzählte und heute noch erzählt. Im Alter von sechzehn Jahren trainierte Robert in der Auswahl der walisischen Fußballnationalmannschaft für die Unterachtzehnjährigen.

Im Anschluss an sein Abitur jobbte Robert ein Jahr lang in den Obstplantagen der Provence in der Umgebung von Avignon. Dann setzte er sich in einen Zug und fuhr nach Deutschland. Dass er hier blieb, lag an der zentralen Lage, der Möglichkeit, zu reisen und  gleichzeitig studieren und arbeiten zu können und – last but not least – an seiner ersten (deutschen) Freundin. Er ist diplomierter Sozial- und Politikwissenschaftler, arbeitete als Dozent in der Erwachsenenbildung und an der Universität, als Übersetzer in der Stahlindustrie, Dolmetscher bei der Polizei, Prüfungsbeauftragter der Londoner Handelskammer in den Neuen Bundesländern und wurde schließlich Bürokrat und „Eurokrat": Heute ist er Europareferent in seiner Wahlheimat Duisburg.

Er ist Fan des Liverpool FC und des Meidericher Spielvereins, MSV Duisburg. Aus Meiderich stammt auch seine Ehefrau Iris, „die Göttin des Regenbogens".

Epilog

Nachdem meine Frau und ich wochenlang mit der Kamera auf der Suche nach Motiven unterwegs waren und viele Schilder in den Blick genommen hatten, gönnten wir uns eine Auszeit in Österreich.

Eines Abends sah ich neben Schildern mit den bekannten Begriffen „Snowbar", „After Work Party„ etc. ein Schild mit einem für mich neuen Begriff. Ich sagte zu meiner Frau: „Ich kenne ein I-Pad und auch ein I-Pod, aber was ist ein Skide-Pot?"

Sie brach sofort in Gelächter aus:
„It is not all English what shines!!!"

Skidepot